Inhalt

E-Business-Neuausrichtung im Mittelstand

Kernthesen

Beitrag

Fallbeispiele

Weiterführende Literatur

Impressum

E-Business-Neuausrichtung im Mittelstand

M.Sydow

Kernthesen

- Seit dem Ende des New Economy Booms ist gerade im E-Business die richtige strategische Positionierung ein entscheidender Faktor für das weitere Bestehen im Markt. (4), (5), (7)
- Im Mittelstand rückt nun die Profitabilität des E-Business in den Vordergrund. (15)
- Eine unternehmensübergreifende E-Business-Strategie kann nicht von der IT-Abteilung alleine formuliert werden. (1), (3)
- Innovative Kombinationen verschiedener Technologien ermöglichen enorme

Kosteneinsparungen. (8), (12), (14)

Beitrag

Das Ende des New Economy Booms und die Folgen für die Marktteilnehmer

Nach der ersten E-Business-Euphorie achtet man nun verstärkt auf dessen Profitabilität. Die Kosten von E-Business-Aktivitäten sind ein zunehmend wichtigeres Kriterium bei der Implementierung in Unternehmen. (15)

Besonders im Mittelstand mangelt es häufig an einer übergreifenden Koordination der E-Business-Projekte. Das Fehlen einer einheitlichen Strategie sowie Unklarheiten bei der Kompetenzverteilung können erheblichen Einfluss auf den Ertrag eines Unternehmens haben. Die Formulierung einer einheitlichen, unternehmensübergreifenden E-Business-Strategie erweist sich oftmals als schwierige Aufgabe, da die Vorstellungen der einzelnen Abteilungen wie Marketing, Vertrieb oder IT voneinander abweichen. (1)

Durch den Mangel an geeigneter Koordination und Organisation laufender Projekte kommt es häufig zu langen Projektlaufzeiten, hohen Reibungsverlusten und E-Business-Maßnahmen mit geringem Erfolg. Eine Studie der Unternehmensberatung Dr. Wieselhuber & Partner, bei der 42 Unternehmen nach ihrer E-Business-Koordination befragt wurden, kam zu dem Ergebnis, dass nur 16 Prozent der befragten Betriebe ihre E-Business-Projekte über eine zentrale Stelle koordinieren. Die Folgen sind daher oftmals ungeplante Kostensteigerungen, die eine Neufestsetzung des Projektbudgets und teilweise sogar Parallelentwicklungen erfordern. (1), (2)

Im schlimmsten Fall werden E-Business-Projekte wie der Aufbau eines firmeninternen Intra- oder Extranet nicht abgeschlossen, obwohl ein derartiges Projekt langfristig den Unternehmenswert steigern würde. Ursächlich dafür ist meistens die fehlende Integration der Wünsche und die mangelnde Berücksichtigung der Fertigkeiten der Mitarbeiter hinsichtlich Benutzerführung und Ergonomie. (2), (3)

Erfolgsfaktoren für die Implementierung eines E-Business-Projektes

Für den Erfolg eines E-Business-Projektes ist es entscheidend, Meilensteine und wichtige strategische Entscheidungen interdisziplinär zu entwickeln. Dies erfordert eine zentrale Projektkoordination, die durch regelmäßige Treffen mit Mitarbeitern der einzelnen Fachabteilungen die Ideen und Vorstellungen der jeweiligen Abteilungen sammelt, integriert und koordiniert. Je nach Projektumfang und Relevanz des E-Business-Projektes für den Geschäftserfolg des Gesamtunternehmens ist daher auch die passende Form des Projektmanagements zu wählen und dessen Integration in die bestehende Organisationsstruktur zu vollziehen. (1)

Strategische Implikationen für den Mittelstand

Im E-Business zeigt die Drei-Kanal-Strategie, Verkauf über den Versandhandel, Filialen und das Internet erste Erfolge. Für den Vertrieb im Internet ist ein systematisches Shop Management der entscheidende Erfolgsfaktor. Dies bedeutet, dass aufgrund von Abverkaufszahlen das Sortiment und die Positionierung der Waren auf der Website permanent optimiert werden. (4)

Kontrolle

Sinnvoll ist auch die Einführung des sogenannten Web-Minings, welches das Verhalten der Kunden protokolliert. Kontroll-Kennzahlen wie der Return-on-Investment lassen sich mit Hilfe dieser Technik generieren. Dem Management des E-Business-Projektes kommt dabei allerdings eine tragende Rolle zu, da die gesammelten Daten selektiert und bewertet werden müssen. Ebenso kann die klassische Marktforschung mit Ergebnissen des Web-Minings unterstützt werden. (7)

Positionierung

Eine der zentralen Strategieentscheidungen eines Unternehmens, Kostenminimierung oder Differenzierung, stellt sich auch im E-Business. Allerdings ist es für den Nischenanbieter schwer, im Internet ohne Preisvorteile gegenüber der realen Wirtschaft Fuß zu fassen. Strategisch sinnvoll ist daher die Kooperation mit einem namenhaften Unternehmen. Dabei sollte besonderer Wert auf Information und Service für den Kunden gelegt werden, um das eigene Portal als Promotionsplattform nutzen können. Denn weckt die

Website allgemeines Interesse, so kann auch mit einer Zunahme der Investitionen in Online-Werbung gerechnet werden. (5)

Sicherheit

Ein weiterer Aspekt der strategischen Neuausrichtung ist, das Gefühl des Vertrauens im E-Business-Prozess herzustellen. Zukunftsweisend ist daher die Einführung der elektronischen Signatur für Vertragsabschlüsse, Bestellungen oder die Bezahlung via Internet. (6)

Logistik

E-Business ohne geeignete Logistik hat fatale Folgen. Der Kunde will seine Ware nicht erst nach mehreren Wochen Wartezeit erhalten, denn dann ist der Preisvorteil einer Internetbestellung für viele schon hinfällig. Wichtig ist daher ein durchdachtes Logistikkonzept bei dem der Express- und Zustelldienst als strategischer Partner behandelt wird. (8)

Fallbeispiele

Da beim Online-Einkauf die meisten Kunden ihre Privatadresse als Lieferanschrift angeben, ist tagsüber selten jemand anzutreffen. Eine Lösung dieses Problems bietet die Idee sogenannter Drop-off-Boxen, welche in stark frequentierten Gebieten als Zustell- oder Abholstation fungieren können. UPS testet in den Benelux-Ländern derzeit noch eine andere Alternative der Abholung. Als Lieferadresse kann die nächstgelegene Tankstelle angegeben werden, sodass man die Bestellung beim nächsten Tankstellenbesuch mitnehmen kann. (8)

Einer Studie der ARGE Daten zufolge ist die Zahlungsform per Nachnahme die am meisten verbreitete bei Webshopanbietern. Alternativen stellen nur die Formen offene Rechnung oder Bezahlung per Kreditkarte dar. Zahlungsformen wie bezahlen.at, paysafe oder paybox sind von geringer Bedeutung. (9)

Chocolat MultimediaProduction, ein Wiener Multimedia-Dienstleister, setzt auf den Erfolg in der Nische. Mit circa einer Million Euro Umsatz und positiven Geschäftszahlen betreibt das Unternehmen

Homepages für seine Kunden. Darunter auch die Seite von cybasar.com, einem Autoportal. Die Einnahmequelle hierbei ist jedoch nicht Bannerwerbung, sondern eine Umsatzbeteiligung von 10 bis 20 Euro an jeder geschalteten Internet-Autoanzeige. (11)

Union Technik arbeitet mit Hilfe einer Kombination aus internetbasierter Datenbank, Satellitentechnik und SMS-Versand als Service-Dienstleister für Reparaturen technischer Geräte in Tankstellen. Per GPS geortete und per SMS-Versand über den Kundenauftrag informierte Außendienstmitarbeiter werden immer dann eingesetzt, wenn der telefonische Support mithilfe der internetbasierten Datenbank keine Problemlösung erzielen kann. (12)

Die TUI-Tochter Ltur bezieht für den Verkauf von Tickets für Reisen neben Shops und Callcenter auch das Internet in seine Vertriebsstrategie mit ein. Die Integration dieser Kanäle von Seiten des Kunden ist dabei nicht unüblich. Der Kunde entnimmt beispielsweise aus dem Internet die Informationen über eine Reise und bucht diese dann im Shop oder umgekehrt. Ltur lässt dem Kunden dabei die freie Wahl und verlangt in jedem Kanal die gleichen Preise. Aufgrund der geringen Prozesskosten im Internet ist jedoch geplant, ab dem kommenden Jahr ein Drittel der Tickets über das Internet zu verkaufen.

(13)

Die auf den EDV Versandhandel spezialisierte Arp-Datacon-Gruppe ergänzte 1999 ihr Offline-Angebot in Form von einem Bestellkatalog durch einen SAP/R3 basierten Online-Shop. Durch diese Form der Bestellung lässt sich eine Kostenersparnis von 50 Prozent erzielen. Entscheidend für den guten Absatz ist allerdings die elektronische Lagerbewirtschaftung und eine schnelle Auslieferung. Bestellungen, die bis 17 Uhr eingegangen sind, werden noch am selben Tag ausgeliefert. (14)

Eine Studie hat ergeben, dass sich die Industrie stärker als der Handel im E-Business-Bereich engagiert. Dies betrifft vor allem auch den Ausbau von elektronischen Lieferketten. (15)

Weiterführende Literatur

(1) Maschinenbau ignoriert zentrale IT-Koordination, Computer Zeitung, Heft 37, 2002, S. 16
aus WirtschaftsBlatt, 30.07.2002, Nr. 1674, S. A15

(2) Einzelprojekte dominieren
aus CYbiz Nr. 10 vom 25.09.2002 Seite 022

(3) Der Faktor Mensch
aus CYbiz Nr. 10 vom 25.09.2002 Seite 058

(4) Neues Shop-Management bei Bonprix
aus Lebensmittel Zeitung 36 vom 06.09.2002 Seite 028

(5) Nur der Nutzwert entscheidet
aus werben & verkaufen Nr. 37 vom 13.09.2002 Seite 056

(6) Sicherheit ist wichtig für E-Commerce, Kölner Stadtanzeiger, 14.09.2002
aus werben & verkaufen Nr. 37 vom 13.09.2002 Seite 056

(7) Sieben Regeln für erfolgreiches Web-Mining
aus HORIZONT 36 vom 05.09.2002 Seite 054

(8) Zustelldienste treten jetzt bei E-Commerce aufs Gas Der Post wollen Expressdienstleister wie UPS oder DHL den Endkonsumenten streitig machen
aus WirtschaftsBlatt, 27.09.2002, Nr. 1716, S. A32

(9) Einfacher E-Commerce Alternative Bezahlformen unbeliebt
aus WirtschaftsBlatt, 25.09.2002, Nr. 1714, S. A19

(10) Heckerott, Barbara, Verzeichnisdienste/Infrastruktur für das E-Business, Directories lichten den Datendschungel, Computerwoche, 18.10.2002, S. 42
aus WirtschaftsBlatt, 25.09.2002, Nr. 1714, S. A19

(11) E-Business wächst in der Nische Chocolate Multimedia schreibt seit der Gründung schwarze Zahlen

aus WirtschaftsBlatt, 16.10.2002, Nr. 1729, S. A24

(12) Wer die Prozesse kennt...
aus CYbiz Nr. 10 vom 25.09.2002 Seite 052

(13) L'tur will Gucker zu Bookern machen
aus HORIZONT 38 vom 19.09.2002 Seite 057

(14) Doppelstrategie mit Katalog und Internet Online-Shop von Arp Datacon senkt die Betriebskosten
aus Neue Zürcher Zeitung, 24.09.2002, Nr. 221, S. 93

(15) Kein Wundermittel für steigende Umsätze
aus Lebensmittel Zeitung 33 vom 16.08.2002 Seite 042

Impressum

E-Business-Neuausrichtung im Mittelstand

Bibliografische Information der deutschen Nationalbibliothek

Die Deutsche Nationalbibliothek verzeichnet diese Publikation in der deutschen Nationalbibliografie; detaillierte bibliografische Daten sind im Internet über http://dnb.d-nb.de abrufbar.

ISBN: 978-3-7379-1179-5

© 2015 GBI-Genios Deutsche Wirtschaftsdatenbank GmbH, Freischützstraße 96, 81927 München, www.genios.de

Alle Rechte vorbehalten. Dieses Werk ist einschließlich aller seiner Teile – z.B. Texte, Tabellen und Grafiken - urheberrechtlich geschützt. Jede Verwertung außerhalb der Grenzen des Urheberrechtsgesetzes bedarf der vorherigen Zustimmung des Verlags. Dies gilt insbesondere auch für auszugsweise Nachdrucke, fotomechanische Vervielfältigungen (Fotokopie/Mikroskopie), Übersetzungen, Auswertungen durch Datenbanken oder ähnliche Einrichtungen und die Einspeicherung und Verarbeitung in elektronischen Systemen.